AF532971

Süßes Glück

BETTINA FAORO

Süßes Glück

Einfache Desserts, Schnitten, Kekse und köstliche Kleinigkeiten

ATHESIA VERLAG

Gewidmet meinen Kindern Samuel und Elias –
sie sind mein größter Stolz.

Inhalt

FRÜHJAHR

SOMMER

HERBST

WINTER

Backen ist
LECKERE REZEPTE FÜR KUCHEN, TORTEN,
SCHNITTEN, TÖRTCHEN UND KEKSE

Eigentlich hatte sich mit **Backen ist Glück,** meinem ersten Buch, ein großer Traum erfüllt.

Da ich aber nicht nur gerne Torten backe, sondern im Allgemeinen gerne Süßes zaubere, habe ich mich noch einmal an ein Buch gewagt und einige meiner süßen Lieblingsrezepte gesammelt.

In diesem Buch findet ihr viele einfache Rezepte für schnelle Desserts, Kekse, Schnitten und Rouladen. Ideal, wenn ihr kurzfristig etwas Süßes benötigt.

Die Rezepte bzw. die verwendeten Zutaten orientieren sich an den Jahreszeiten, das heißt, ihr findet hier süße Köstlichkeiten für das ganze Jahr.

Ich wünsche euch viel Spaß beim Durchblättern und natürlich gutes Gelingen.

Bettina Faoro

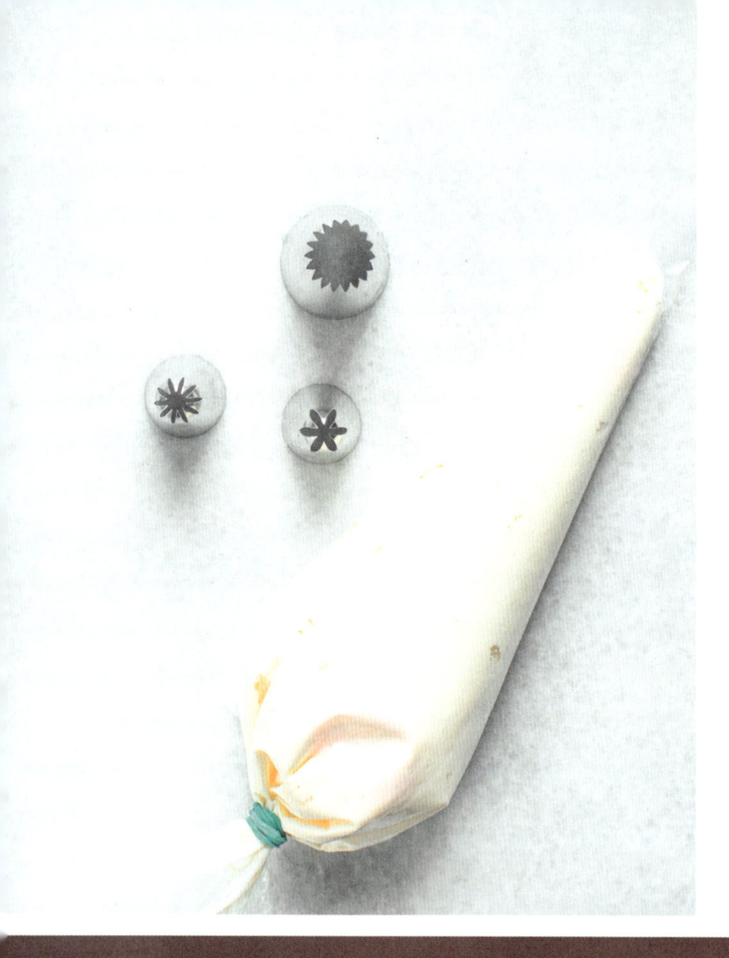

Bettinas Backtipps

- Viele Desserts können bereits am Vortag zubereitet werden. Das ist ideal für alle, die nicht so viel Zeit haben. Allerdings sollten die Desserts erst kurz vor dem Verzehr verziert werden und ihr solltet nur essbare Dekorationen direkt auf die Creme legen.
- Ich spritze die Creme immer mit einem Spritzsack in die Gläser oder Schälchen, so bleibt der Glasrand sauber und ich kann die Menge besser dosieren.
- Die Portionsgrößen sind so berechnet, dass die Menge für die auf den Fotos zu sehenden Gläser reicht.
- Zu den meisten Rezepten gibt es einen Tipp, wie das Dessert abgewandelt werden kann – ganz nach Lust und Geschmack.
- Ich verwende zum Backen von Schnitten eine Blechkuchenform, aber ihr könnt sie natürlich auch auf einem normalen Backblech backen. Sie werden dann etwas niedriger und die Backzeit ist kürzer.
- Viele Rezepte eignen sich sehr gut für ein Dessertbuffet. Sie lassen sich gut vorbereiten und ihr könnt die Portionsgrößen entsprechend anpassen. Das heißt, ihr könnt einfach kleinere Stücke schneiden bzw. die Creme in kleineren Portionsgläsern servieren.
- Rohen Mürbteig könnt ihr gut verpackt im Kühlschrank bis zu zehn Tage aufbewahren. Gebackener Mürbteig oder gefüllte Mürbteigkekse bleiben in Keksdosen aus Metall mehrere Wochen frisch. Am besten bewahrt ihr die Dosen in einem kühlen Raum auf.

Frühjahr

Topfencreme mit Erdbeeren

6 Portionen

Zutaten

250 g Topfen (Quark)
250 g Sahne
3 EL Staubzucker
250 g Erdbeeren, in kleine Würfel geschnitten

Weiteres

3 Erdbeeren, halbiert

Zubereitung

1. Topfen, Sahne und Staubzucker zu einer glatten Creme verrühren und die Erdbeerwürfel unterheben.
2. Die Creme in Gläser oder Schälchen füllen und bis zur Verwendung in den Kühlschrank stellen.
3. Vor dem Servieren mit den halbierten Erdbeeren garnieren.

Tipp

- Statt Erdbeeren können auch andere Beeren, z. B. Himbeeren oder Brombeeren, verwendet werden.

Rhabarberschnitten

1 Blechkuchenform
(24 x 42 cm)

Backtemperatur
180 °C

Backzeit
25 Minuten

Zutaten

3 Eier
160 g Zucker
1 Pkg. Vanillezucker
160 ml Öl
250 g Naturjoghurt
350 g Mehl
1 Pkg. Backpulver
200 g Rhabarber, geschält und in Stücke geschnitten

Weiteres

Staubzucker

Zubereitung

1. Eier, Zucker und Vanillezucker in der Küchenmaschine so lange aufschlagen, bis die Masse hellgelb und schaumig ist.
2. Das Öl langsam einfließen lassen und gut unterrühren.
3. Den Naturjoghurt dazugeben und unterrühren.
4. Mehl und Backpulver vermischen und über die Masse sieben. Mit einem Schneebesen vorsichtig unterheben.
5. Den Rhabarber unter den Teig heben.
6. Den Teig in eine mit Backpapier ausgelegte Blechkuchenform geben, glatt streichen und im vorgeheizten Backofen backen.
7. Auskühlen lassen, portionieren und mit Staubzucker bestreuen.

Tipp

- Die Rhabarberschnitten schmecken frisch am besten.

Zitronengranita

6 Portionen

Zutaten
400 ml Zitronensaft
400 ml Wasser
200 g Staubzucker
2 TL Zitronenabrieb

Zubereitung

1. Zitronensaft, Wasser, Staubzucker und Zitronenabrieb kurz aufkochen und auskühlen lassen.
2. Alles in Eiswürfelbehälter füllen und mindestens 24 Stunden gefrieren lassen.
3. Die Zitronen-Eiswürfel in einem geeigneten Mixer zerkleinern und die Granita in Gläser oder Schälchen füllen.

Tipp

- Die Zitronengranita kann man wunderbar mit Sekt auffüllen und in Sektgläsern servieren.

Joghurtcreme mit Amarenakirschen

6 Portionen

Zutaten

300 g Naturjoghurt
30 g Staubzucker
300 ml Sahne
½ Glas Amarenakirschen mit Saft

Zubereitung

1. Naturjoghurt mit Staubzucker verrühren.
2. Sahne steif schlagen und unterheben.
3. Die Creme in einen Spritzsack füllen und auf Gläser oder Schälchen verteilen.
4. Mit einigen Kirschen und einigen Teelöffeln Saft garnieren und bis zum Verzehr im Kühlschrank aufbewahren.

Tipp

- Die Joghurtcreme kann mit beliebigen Früchten kombiniert werden. Man kann sie auch abwechselnd mit Beeren in Gläser schichten.

Millefoglie

6 Stück

Backtemperatur
180 °C

Backzeit
18 Minuten

Zutaten
2 Rollen Blätterteig
2 Eigelb
2 EL Milch
Staubzucker

Vanillecreme
800 ml Milch
60 g Zucker
2 Pkg. Vanillezucker
2 Pkg. Vanillepuddingpulver, ungesüßt
200 ml Sahne

Weiteres
Staubzucker

Zubereitung

1. Den Blätterteig in 18 Rechtecke schneiden (ca. 7 x 12 cm). Nebeneinander auf ein mit Backpapier ausgelegtes Backblech legen. Eigelb und Milch verquirlen und die Blätterteigrechtecke damit bestreichen. Mit einer Gabel einstechen und mit etwas Staubzucker bestreuen.
2. Im vorgeheizten Backofen backen, herausnehmen und vollständig auskühlen lassen.
3. Aus Milch, Zucker, Vanillezucker und Vanillepuddingpulver einen festen Vanillepudding kochen und in eine Schüssel füllen.
4. Die Oberfläche sofort mit Klarsichtfolie bedecken (die Folie muss auf dem Pudding aufliegen), damit sich keine Haut bildet, und den Pudding auskühlen lassen.
5. Pudding in der Küchenmaschine cremig rühren.
6. Die Sahne dazugeben und so lange rühren, bis eine homogene Creme entstanden ist.
7. Die Creme in einen Spritzsack mit Lochtülle füllen und Tuffs auf 12 Blätterteigböden spritzen.
8. Die Blätterteigböden übereinanderschichten. Dabei mit einem ohne Cremetuffs abschließen und bis zum Verzehr im Kühlschrank aufbewahren.
9. Vor dem Servieren mit Staubzucker bestreuen.

Tipps

- Die Millefoglie sollte man schon am Vortag zubereiten, weil sie gut durchgezogen noch besser schmecken.
- Besonders gut schmecken die Millefoglie, wenn man zwischen die Cremetuffs noch Johannis- oder Himbeeren legt.
- Die Blätterteigrechtecke kann man schon einige Tage vor Gebrauch backen. Sie sollten aber unbedingt trocken gelagert werden.

Bananen-Schoko-Sahne-Dessert

6 Portionen

Zutaten
100 ml Milch
125 g Zartbitterschokolade, grob gehackt
500 ml Sahne
30 g Zucker
4 Bananen, in Scheiben geschnitten

Weiteres
Schokospäne

Zubereitung

1. Milch erhitzen und über die Schokolade gießen.
2. Wenn die Schokolade geschmolzen ist, alles gut verrühren und abkühlen lassen.
3. Sahne mit Zucker steif schlagen.
4. Abwechselnd mit Bananen und Schokosauce in Gläser oder Schälchen schichten. Mit einer Schicht Sahne abschließen.
5. Mit Bananenscheiben und Schokospänen garnieren.

Tipp

- Da sich Bananen verfärben, wenn sie längere Zeit der Luft ausgesetzt sind, sollte man sie erst kurz vor dem Servieren auf das Dessert legen bzw. mit etwas Gelatinespray besprühen.

Kaffeecreme

6 Portionen

Zutaten

15 g lösliches Kaffeepulver
200 ml warmer Kaffee
500 g Mascarpone
80 g Staubzucker
200 ml Sahne

Weiteres

12 mit Schokolade überzogene Kaffeebohnen

Zubereitung

1. Das Kaffeepulver im warmen Kaffee auflösen und auskühlen lassen.
2. Mascarpone, Staubzucker und Sahne in der Küchenmaschine zu einer homogenen Creme verrühren.
3. Den Kaffee nach und nach dazugeben und gut unterrühren.
4. Die Creme in einen Spritzsack füllen und in Gläser oder Schälchen spritzen.
5. Mit Kaffeebohnen garnieren.

Tipp

- Man kann die Kaffeecreme auch abwechselnd mit zerbröselten Keksen in die Gläser schichten.

BRAND GORILLAS
CAROMA
~ mmmh Caffè ~

Tiramisu

6 Portionen

Zutaten
3 Eiweiß
50 g Zucker
250 g Mascarpone
3 Eigelb
12 Löffelbiskuits
2 Tassen kalter Kaffee

Weiteres
Backkakao

Zubereitung

1. Eiweiß mit Zucker sehr steif schlagen.
2. Mascarpone und Eigelb zu einer homogenen Creme verrühren.
3. Den Eischnee vorsichtig unterheben.
4. Die Löffelbiskuits halbieren und kurz in den Kaffee tauchen.
5. Abwechselnd mit der Mascarponecreme in Gläser oder Schälchen schichten und im Kühlschrank mindestens 12 Stunden durchziehen lassen.
6. Vor dem Servieren mit Kakao bestäuben.

Tipps

- Tiramisu schmeckt am Folgetag am besten, da es dann richtig durchgezogen ist.
- Wenn Kinder mitessen, verwende ich koffeinfreien Kaffee.

Mini-Biskuitroulade

2 Minirollen

Backtemperatur
180 °C

Backzeit
10 Minuten

Zutaten
3 Eiweiß
90 g Zucker
3 Eigelb
90 g Mehl

Weiteres
Erdbeermarmelade
Staubzucker
Erdbeeren

Zubereitung

1. Eiweiß und Zucker in der Küchenmaschine sehr steif schlagen.
2. Eigelb verquirlen und mit dem Schneebesen vorsichtig unter den Eischnee ziehen.
3. Das Mehl sieben und ebenfalls vorsichtig unter die Eimasse heben.
4. Den Teig auf ein mit Backpapier ausgelegtes Backblech geben, glatt streichen und im vorgeheizten Backofen backen.
5. Herausnehmen und die Oberfläche mit einem Bogen Backpapier bedecken. Das Blech umdrehen und den Biskuit mit der Backoberfläche nach oben auf die Arbeitsfläche stürzen. Kurz abkühlen lassen.
6. Biskuit der Breite nach in zwei gleich große Hälften schneiden.
7. Die Hälften mit Marmelade bestreichen und der Länge nach aufrollen.
8. Auskühlen lassen und mit Staubzucker bestreuen. Portionieren und mit Erdbeeren garnieren.

Tipps

- Zum Füllen kann man jede beliebige Marmelade verwenden.
- Wenn man den Biskuit nicht halbiert, erhält man eine große Roulade.
- Die Mini-Biskuitroulade eignet sich sehr gut für ein Dessertbuffet, da die Portionen schön klein und handlich sind.

Erdbeertiramisu

6 Portionen

Zutaten

250 g Erdbeerjoghurt
250 g Mascarpone
250 g Sahne
40 g Staubzucker
250 g Erdbeeren, in Scheiben geschnitten
12 Löffelbiskuits
2 Tassen Milch

Weiteres

3 Erdbeeren, halbiert
Pistazien, gehackt

Zubereitung

1. Erdbeerjoghurt durch ein Sieb passieren. Mit Mascarpone, Sahne und Staubzucker zu einer glatten Creme verrühren.
2. Löffelbiskuits halbieren und kurz in Milch tauchen.
3. Die Creme, Erdbeeren und Löffelbiskuits abwechselnd in Gläser oder Schälchen schichten und im Kühlschrank mindestens 12 Stunden durchziehen lassen.
4. Vor dem Servieren mit Erdbeeren und Pistazien garnieren.

Tipp

- Man kann das Tiramisu auch mit Ananasjoghurt und Ananas aus der Dose zubereiten. Auf keinen Fall frische Ananas verwenden, da sie in Kombination mit Milchprodukten bitter schmeckt.

Sommer

Topfenperlen mit Erdbeersauce

24 Topfenperlen

Haselnussbrösel
30 g Haselnüsse
70 g Brotbrösel
1 EL Zucker
½ TL Zimt

Topfenperlen
110 g Mehl
30 g Grieß
1 Ei
60 g flüssige Butter
250 g Topfen (Quark)
1 Prise Salz

Erdbeersauce
500 g Erdbeeren, geputzt
30 g Zucker
½ Zitrone, Saft

Weiteres
Erdbeeren
Himbeeren
essbare Blüten

Haselnussbrösel

1. Haselnüsse, Brotbrösel, Zucker und Zimt in einem tiefen Teller vermischen.

Topfenperlen

2. Mehl, Grieß, Ei, Butter, Topfen und Salz zu einem geschmeidigen Teig verkneten.
3. Den Teig zu einer Rolle formen und 24 kleine Stücke abschneiden.
4. Jedes Teigstück zu einer kleinen Kugel formen und ins kochende Salzwasser geben.
5. Wenn die Topfenperlen an der Oberfläche schwimmen, mit einer Schaumkelle herausnehmen und in den Haselnussbröseln wälzen.

Erdbeersauce

6. Erdbeeren, Zucker und Zitronensaft in einen Topf geben und mit dem Pürierstab pürieren. Kurz erwärmen.

Fertigstellung

7. Etwas Erdbeersauce auf Teller geben und je zwei Topfenpralinen daraufsetzen. Mit Erdbeerhälften, Himbeeren und essbaren Blüten garnieren.

Tipps

- Die Topfenperlen müssen heiß serviert werden, kalt schmecken sie nicht.
- Die ungekochten Teigperlen lassen sich gut einfrieren. Kurz vor Gebrauch gefroren ins kochende Salzwasser geben und garen.
- Für die Fruchtsauce kann man jede beliebige Beerensorte verwenden.

Zwetschgentaschen

10 Stück

Backtemperatur
180 °C

Backzeit
20 Minuten

Zutaten

20 g Butter
40 g Brotbrösel
4 EL Zucker
1 TL Zimt
10 Zwetschgen, entsteint und geviertelt
2 Pkg. Blätterteig

Weiteres

2 Eigelb
2 EL Milch
Staubzucker

Zubereitung

1. Butter in einer Pfanne schmelzen lassen.
2. Brotbrösel, Zucker und Zimt dazugeben, kurz rösten und mit den Zwetschgen vermischen.
3. Den Blätterteig aus der Verpackung nehmen und der Breite nach in jeweils 5 gleich große Streifen schneiden.
4. Auf die Hälfte der Streifen jeweils 2 geviertelte Zwetschgen verteilen. Die anderen Streifen in der Mitte mit einem scharfen Messer einschneiden und vorsichtig über die belegten Blätterteigstreifen legen.
5. Die Ränder gut mit einer Gabel andrücken.
6. Eigelb mit Milch verquirlen und die Zwetschgentaschen damit bestreichen.
7. Im vorgeheizten Backofen backen und anschließend mit Staubzucker bestreuen.

Tipp

- Statt Zwetschgen können auch blättrig geschnittene Äpfel oder Birnen verwendet werden, unter die man noch ein paar Sultaninen mischt.
- Blätterteiggebäck schmeckt am besten frisch aus dem Ofen.

Joghurtmousse

6 Portionen

Zutaten
3 Blatt Gelatine
400 g Naturjoghurt
50 g Zucker
1 Pkg. Vanillezucker
1 Zitrone, Saft
250 ml Sahne

Weiteres
3 Erdbeeren, halbiert

Zubereitung

1. Die Gelatine etwa 10 Minuten in kaltem Wasser einweichen.
2. Naturjoghurt, Zucker, Vanillezucker und Zitronensaft so lange verrühren, bis sich der Zucker vollständig aufgelöst hat.
3. Die Gelatine gut ausdrücken und über dem Wasserbad auflösen.
4. Die restliche Sahne steif schlagen und 2–3 EL unter die Gelatine rühren.
5. Die Gelatine-Sahne-Mischung zügig unter die restliche Sahne ziehen und löffelweise unter den Joghurt heben.
6. Die Joghurtmousse in Gläser oder Schälchen füllen und im Kühlschrank mindestens 4 Stunden fest werden lassen.
7. Vor dem Servieren mit den halbierten Erdbeeren garnieren.

Tipp

- Joghurtmousse schmeckt nicht nur mit frischen Beeren, sondern auch mit einer Sauce aus frischen Früchten.

Heidelbeerschmarren

4 Portionen

Zutaten

60 g Zucker
250 g frische Heidelbeeren
200 g Mehl
½ Pkg. Backpulver
1 Pkg. Vanillezucker
300 ml Milch
4 Eier
1 Prise Salz

Weiteres

Öl
Staubzucker

Zubereitung

1. Zucker und Heidelbeeren in einem flachen Topf erwärmen, bis sich der Zucker aufgelöst hat. Beiseitestellen und auskühlen lassen.
2. Mehl und Backpulver in einer Schüssel vermischen. Vanillezucker und Milch dazugeben und alles mit dem Schneebesen kräftig verrühren.
3. Eier und Salz zufügen und so lange rühren, bis sich alle Zutaten zu einem glatten Teig verbunden haben.
4. Etwas Öl in einer großen Pfanne erhitzen. So viel Teig hineingießen, dass der Boden dünn bedeckt ist.
5. Einige Heidelbeeren darauf verteilen und den Schmarren so lange backen, bis die Unterseite schön gebräunt ist.
6. Wenden und auch die andere Seite goldbraun backen.
7. Den Vorgang so lange wiederholen, bis der Teig aufgebraucht ist.
8. Den Schmarren mit einer Gabel oder Palette zerkleinern und auf Teller verteilen.
9. Mit Staubzucker und den restlichen Heidelbeeren garnieren.

Tipps

- Schmarren schmeckt nur, wenn er heiß serviert wird.
- Die Heidelbeeren können durch Johannis- oder Himbeeren ersetzt werden.

Himbeerherzen

10 Herzen

Backtemperatur
180 °C

Backzeit
25 Minuten

Zutaten

250 g Topfen (Quark)
1 Ei
1 Pkg. Vanillezucker
60 g Zucker
20 g Weizenstärke
2 Pkg. Blätterteig
40 Himbeeren

Weiteres

2 Eigelb
2 EL Milch
Staubzucker

Zubereitung

1. Topfen, Ei, Vanillezucker, Zucker und Weizenstärke in der Küchenmaschine zu einer homogenen Creme verrühren.
2. Mit einem Keksausstecher (Ø etwa 8 cm) aus dem Blätterteig 20 Herzen ausstechen.
3. Die eine Hälfte der Herzen mit der Creme bestreichen – dabei einen Rand von 1 cm frei lassen – und mit je 4 Himbeeren belegen.
4. Die andere Hälfte der Blätterteigherzen mit einem scharfen Messer in der Mitte mehrmals einschneiden und über die mit Creme bestrichenen Herzen legen.
5. Den Teig an den Rändern gut verschließen und mit einer Gabel festdrücken.
6. Eigelb und Milch verquirlen und die Blätterteigherzen damit bestreichen.
7. Im vorgeheizten Backofen backen und anschließend mit Staubzucker bestreuen.

Tipps

- Damit man keine Teigreste übrig behält, kann man den Teig auch einfach in Rechtecke schneiden (siehe Zwetschgentaschen S. 44).
- Die Himbeeren kann man auch durch in Würfel geschnittene Marillen (Aprikosen) ersetzen.
- Blätterteiggebäck schmeckt frisch am besten.

Cheesecake mit Kirschen

6 Portionen

Zutaten
120 g Butterkekse
50 g Butter
500 g Mascarpone
300 g Skyr Natur
200 ml Sahne
60 g Zucker
300 g Kirschen, entsteint und halbiert
40 g Zucker
1 Zitrone, Saft

Zubereitung

1. Butterkekse fein zerbröseln und Butter schmelzen lassen.
2. Beides gut vermengen und kurz ziehen lassen.
3. Die Butter-Keks-Mischung gleichmäßig auf Portionsgläser verteilen und mit einem Löffel gut andrücken.
4. Mascarpone, Skyr, Sahne und Zucker in der Küchenmaschine zu einer homogenen Creme verrühren.
5. Die Creme auf die Keksböden geben und im Kühlschrank fest werden lassen.
6. Kirschen mit Zucker und Zitronensaft kurz aufkochen und vollständig auskühlen lassen.
7. Vor dem Servieren auf der Creme verteilen.

Tipp

- Man kann die Kirschen durch Himbeeren, Brombeeren oder Heidelbeeren ersetzen.

Kokospudding mit Himbeeren

6 Portionen

Zutaten
800 ml Kokosmilch
50 g Weizenstärke
80 g Zucker
20 g Kokosraspel

Weiteres
250 g Himbeeren
30 g Zucker

Zubereitung

1. 300 ml Kokosmilch mit Weizenstärke glatt rühren.
2. Die restliche Kokosmilch mit Zucker in einen Topf geben und erhitzen.
3. Wenn die Kokosmilch kocht, die Stärkemischung einrühren.
4. Kokosraspeln zufügen und den Pudding unter ständigem Rühren noch einmal aufkochen.
5. In Portionsgläser füllen und auskühlen lassen.

Fertigstellung

6. Himbeeren mit Zucker unter ständigem Rühren erwärmen, bis sich der Zucker aufgelöst hat.
7. Auskühlen lassen und auf dem Pudding verteilen.

Tipp

- Anstelle von Himbeeren kann man auch Pfirsiche verwenden. Allerdings sollte man sie vorher schälen und in kleine Würfel schneiden.

Granola-Körbchen mit Joghurt

6 Stück

Backtemperatur
170 °C

Backzeit
15 Minuten

Zutaten
50 g Butter
100 g Haferflocken
70 g Honig
30 g Haselnüsse, gemahlen
½ TL Zimt

Weiteres
150 g Naturjoghurt
Himbeeren, Brombeeren, Johannisbeeren und Erdbeeren

Zubereitung

1. Butter schmelzen lassen und über die Haferflocken gießen. Gut vermengen.
2. Honig, Haselnüsse und Zimt dazugeben und unterrühren.
3. 6 Mulden eines Muffinblechs einfetten. Die Masse hineingeben und so andrücken, dass in der Mitte eine Kuhle entsteht.
4. Im vorgeheizten Backofen goldbraun backen. Herausnehmen und auskühlen lassen.
5. Die Körbchen vorsichtig aus dem Muffinblech lösen.
6. Mit Naturjoghurt füllen und mit Beeren belegen.

Tipps

- Die ungefüllten Granola-Körbchen halten sich luftdicht verschlossen mehrere Tage.
- Den Joghurt immer erst kurz vor dem Servieren in die Körbchen geben, damit sie nicht durchweichen.

Kirschschnitten

1 Blechkuchenform
(24 x 42 cm)

Backtemperatur
180 °C

Backzeit
30 Minuten

Zutaten
6 Eier
180 g Zucker
160 ml Öl
250 g Topfen (Quark)
320 g Mehl
1 Pkg. Backpulver
30 g Backkakao
1 TL Zimt
250 g Kirschen
Staubzucker

Zubereitung

1. Eier und Zucker in der Küchenmaschine schaumig rühren.
2. Das Öl nach und nach dazugeben und gut unterrühren.
3. Den Topfen portionsweise unterrühren.
4. Mehl, Backpulver, Kakao und Zimt über die Ei-Topfen-Masse sieben und mit dem Schneebesen vorsichtig unterheben.
5. Den Teig in eine mit Backpapier ausgelegte Blechkuchenform geben und glatt streichen.
6. Die Kirschen entsteinen und eventuell halbieren. Auf dem Teig verteilen.
7. Im vorgeheizten Backofen backen, herausnehmen und auskühlen lassen.
8. Portionieren und mit Staubzucker bestreuen.

Tipp

- Statt Kirschen kann man auch in Würfel geschnittene Birnen oder Äpfel verwenden.

Johannisbeermuffins

8 Stück

Backtemperatur
180 °C

Backzeit
20 Minuten

Zutaten
2 Eier
60 g Zucker
1 Pkg. Vanillezucker
60 ml Öl
60 g Naturjoghurt
110 g Mehl
½ Pkg. Backpulver
100 g Rote Johannisbeeren

Weiteres
Staubzucker

Zubereitung

1. Eier, Zucker und Vanillezucker in der Küchenmaschine schaumig aufschlagen.
2. Das Öl nach und nach dazugeben und gut unterrühren.
3. Naturjoghurt zufügen und ebenfalls unterrühren.
4. Mehl und Backpulver mischen, über die Ei-Joghurt-Masse sieben und vorsichtig unterheben.
5. Ein Muffinblech mit Muffinförmchen auslegen und bis zur Hälfte mit Teig füllen.
6. Mit einigen Johannisbeeren bestreuen und den restlichen Teig draufgeben.
7. Die restlichen Johannisbeeren auf dem Teig verteilen.
8. Im vorgeheizten Backofen backen, herausnehmen und auskühlen lassen.
9. Vor dem Servieren mit Staubzucker bestreuen.

- Anstelle von Johannisbeeren können auch halbierte Himbeeren verwendet werden.

Herbst

Vanille-Trauben-Dessert

4 Portionen

Zutaten

500 ml Milch
30 g Zucker
1 Pkg. Vanillepuddingpulver
200 ml Sahne
200 g Weintrauben

Weiteres

6 Weintrauben, halbiert

Zubereitung

1. Aus Milch, Zucker und Vanillepuddingpulver nach Packungsanweisung einen weichen Vanillepudding kochen.
2. Den Pudding in eine Schüssel geben und so mit Klarsichtfolie bedecken, dass sie auf der Oberfläche aufliegt. Auskühlen lassen.
3. Die Sahne steif schlagen und vorsichtig unter den Pudding heben.
4. Die Portionsgläser zur Hälfte mit Puddingcreme füllen. Weintrauben darauflegen und mit der restlichen Creme bedecken.
5. Im Kühlschrank fest werden lassen.
6. Vor dem Servieren mit halbierten Weintrauben garnieren.

Tipp

- Das Dessert kann auch mit anderen Früchten, z. B. Erdbeeren, Himbeeren, Brombeeren, zubereitet werden.

Kürbisigel

etwa 20 Stück

Backtemperatur
180 °C

Backzeit
10 Minuten

Zutaten
200 g Mehl
50 g Kürbis, gekocht und püriert
100 g Butter
50 g Staubzucker
1 Pkg. Vanillezucker
1 Eigelb

Weiteres
Schokoladenglasur
Haselnusskrokant

Zubereitung

1. Mehl, Kürbis, Butter, Staubzucker, Vanillezucker und Eigelb zu einem geschmeidigen Mürbteig verkneten.
2. Den Teig in Klarsichtfolie wickeln und mindestens 2 Stunden im Kühlschrank ruhen lassen.
3. Vom Teig 7–8 g schwere Stücke abschneiden und zu Kegeln formen.
4. Auf ein mit Backpapier ausgelegtes Backblech legen und im vorgeheizten Backofen backen.
5. Herausnehmen und auskühlen lassen.
6. Die Schokoladenglasur erwärmen. Die Kekse mit der dicken runden Seite hineintauchen und in Haselnusskrokant wälzen.
7. Etwas Glasur in einen Spritzbeutel füllen und drei Tupfen für die Augen und die Nase auf die Kekse spritzen.

Tipp

- Statt Haselnusskrokant kann man auch Schokostreusel verwenden.

Bratapfel mit Preiselbeermarmelade

4 Stück

Backtemperatur
200 °C

Backzeit
35 Minuten

Zutaten
4 Äpfel
5 EL Preiselbeermarmelade
2 EL Rosinen
50 g Walnüsse, gehackt

Weiteres
Butter
120 ml Apfelsaft
2 EL Preiselbeermarmelade
4 Walnüsse, halbiert

Zubereitung

1. Die Äpfel waschen, den oberen Teil wie einen Deckel abschneiden und das Kerngehäuse großzügig ausstechen.
2. Preiselbeermarmelade, Rosinen und Walnüsse vermischen und die Äpfel damit füllen.
3. Eine Auflaufform mit Butter ausstreichen und die gefüllten Äpfel hineinsetzen.
4. Den Apfelsaft angießen und die Äpfel im vorgeheizten Backofen 25 Minuten garen.
5. Die Deckel darauflegen und weitere 10 Minuten backen.
6. Die Bratäpfel mit Preiselbeermarmelade und Walnüssen garnieren.

Tipp

- Man kann die Walnüsse auch durch Mandeln oder Haselnüsse ersetzen.

Gewürzbirnen mit Krokant und Schokoladensauce

4 Portionen

Krokant
100 g Zucker
25 g Butter
100 g Walnüsse, grob gehackt

Gewürzbirnen
500 ml Wasser
50 g Zucker
1 Zimtstange
3 Gewürznelken
4 Birnen, geschält und halbiert

Schokoladensauce
50 ml Milch
70 g Bitterschokolade, gehackt

Krokant

1. Butter und Zucker in einen Topf geben und unter ständigem Rühren schmelzen lassen.
2. Wenn der Zucker goldgelb karamellisiert ist, die Walnüsse unterrühren.
3. Die Masse auf einen eingeölten Teller gießen, glatt streichen und auskühlen lassen.
4. Krokant mit einem Fleischklopfer zerkleinern.

Gewürzbirnen

5. Wasser, Zucker, Zimt und Nelken in einen Topf geben und aufkochen lassen.
6. Die Birnen schälen, halbieren und entkernen.
7. In den Sud legen und 8–10 Minuten leicht köcheln lassen. Eventuell ab und zu mit dem Sud begießen.
8. Die Birnen herausnehmen und abtropfen lassen.

Schokoladensauce

9. Milch aufkochen und über die Schokolade gießen. Kurz stehen lassen.
10. Wenn sich die Schokolade aufgelöst hat, alles zu einer homogenen Sauce verrühren und abkühlen lassen.

Fertigstellung

11. Die Birnen auf Teller geben und mit Schokoladensauce und Krokant garnieren.

Tipp

- Die Walnüsse können durch Haselnüsse ersetzt werden.

Kürbismuffins

12 Stück

Backtemperatur
180 °C

Backzeit
30 Minuten

Zutaten

2 Eier
60 g Zucker
1 Pkg. Vanillezucker
80 ml Öl
150 g Kürbis, gekocht und passiert
100 g Mehl
½ Pkg. Backpulver
1 Prise Salz

Weiteres

Staubzucker

Zubereitung

1. Eier, Zucker und Vanillezucker in der Küchenmaschine schaumig aufschlagen.
2. Das Öl nach und nach unterrühren.
3. Den Kürbis dazugeben und ebenfalls unterrühren.
4. Mehl, Backpulver und Salz vermischen und über die Ei-Kürbis-Masse sieben. Mit einem Schneebesen vorsichtig unterheben.
5. Ein Muffinblech mit Muffinförmchen auslegen und den Teig hineingeben.
6. Im vorgeheizten Backofen backen, herausnehmen und auskühlen lassen.
7. Vor dem Servieren mit Staubzucker bestreuen.

Tipps

- Ich mache bei Muffins immer eine Stäbchenprobe, um zu sehen, ob sie durchgebacken sind. Nicht jeder Backofen ist gleich und die Backzeit hängt auch damit zusammen, wie viel Teig man in die einzelnen Förmchen füllt. Deshalb ist die angegebene Backzeit nur ein Richtwert.
- Die Muffins sinken nach dem Backen etwas ein.

Birnen-Schoko-Muffins

12 Stück

Backtemperatur
180 °C

Backzeit
25 Minuten

Zutaten
2 Eier
90 g Zucker
1 Pkg. Vanillezucker
250 ml Sahne
120 g Mehl
½ Pkg. Backpulver
30 g Kakao
70 g Schokotropfen
1 Birne, geschält und gewürfelt

Weiteres
Staubzucker

Zubereitung

1. Eier, Zucker und Vanillezucker in der Küchenmaschine schaumig aufschlagen.
2. Die Sahne langsam dazugeben und unterrühren.
3. Mehl, Backpulver und Kakao vermischen und über die Ei-Sahne-Masse sieben. Mit einem Schneebesen vorsichtig unterheben.
4. Zwei Drittel der Schokotropfen unter den Teig heben.
5. Ein Muffinblech mit Muffinförmchen auslegen und bis zur Hälfte mit Teig füllen.
6. Einen Teil der Birnenwürfel draufgeben und mit dem restlichen Teig bedecken.
7. Die Muffins mit den restlichen Birnenwürfeln und Schokotropfen bestreuen und im vorgeheizten Backofen backen.
8. Herausnehmen, auskühlen lassen und mit Staubzucker bestreuen.

Tipps

- Statt Birnen kann man auch Äpfel verwenden.
- Man kann auch noch ½ TL Zimt unter den Teig rühren.
- Die Muffins sinken nach dem Backen etwas ein.

Rotweinschnitten

1 Blechkuchenform
(24 x 42 cm)

Backtemperatur
180 °C

Backzeit
30 Minuten

Zutaten
250 g weiche Butter
200 g Zucker
1 Pkg. Vanillezucker
4 Eier
300 g Mehl
50 g Weizenstärke
1 Pkg. Backpulver
2 TL Zimt
2 TL Backkakao
200 g Zartbitterschokolade, grob gehackt
200 ml Rotwein

Weiteres
Staubzucker

Zubereitung

1. Butter, Zucker und Vanillezucker in der Küchenmaschine cremig aufschlagen.
2. Die Eier nacheinander dazugeben und so lange rühren, bis die Masse hellgelb ist.
3. Mehl, Weizenstärke, Backpulver, Zimt und Kakao vermischen, über die Masse sieben und mit dem Schneebesen unterheben.
4. Schokoladenstücke und Rotwein zufügen und gut unterrühren.
5. Den Teig in eine mit Backpapier ausgelegte Blechkuchenform geben und glatt streichen.
6. Im vorgeheizten Backofen backen, herausnehmen und auskühlen lassen.
7. Vor dem Servieren portionieren und mit Staubzucker bestreuen.

Tipps

- Man kann den Kuchen auch in einer Kranzform (Ø 24 cm) backen.
- Die Rotweinschnitten schmecken am nächsten Tag noch besser, weil sie dann richtig durchgezogen sind.

Kakicreme

6 Portionen

Zutaten
400 ml Sahne
2 Pkg. Vanillezucker
600 g Kaki, püriert
½ Vanilleschote
½ Zitrone, Saft
1 TL Rum

Zubereitung

1. Sahne mit Vanillezucker steif schlagen und 100 g Kakipüree vorsichtig unterheben.
2. Die Vanilleschote aufschlitzen und das Mark herauskratzen.
3. Vanillemark mit dem restlichen Kakipüree, Zitronensaft und Rum verrühren.
4. Die Kakisahne auf die Portionsgläser verteilen und das Kakipüree draufgeben.
5. Im Kühlschrank mindestens 1 Stunde fest werden lassen.

Tipp

- Die Kaki sollten unbedingt vollreif sein.

Schokomousse

6 Portionen

Zutaten
3 Blatt Gelatine
250 g Zartbitterschokolade, gehackt
3 Eier
80 g Zucker
400 ml Sahne

Zubereitung

1. Gelatine in kaltem Wasser einweichen.
2. Die Schokolade über dem Wasserbad schmelzen lassen.
3. Eier und Zucker über dem Wasserbad hellgelb und schaumig aufschlagen.
4. Die geschmolzene Schokolade dazugeben und zügig unterrühren. Etwas abkühlen lassen.
5. Sahne steif schlagen und die gut ausgedrückte Gelatine auf kleiner Flamme auflösen.
6. 2–3 EL Sahne zur Gelatine geben und gut verrühren.
7. Unter die restliche Sahne ziehen und löffelweise unter die Schokoladen-Ei-Masse heben.
8. In Portionsgläser füllen und im Kühlschrank mindestens 2 Stunden fest werden lassen.

Tipp

- Statt Zartbitterschokolade kann man auch Vollmilchschokolade verwenden und den Zucker weglassen.

Süßer Ofenplent mit Rotweinzwetschgen

8 Stück

Backtemperatur
180 °C

Backzeit
40 Minuten

Rotweinzwetschgen
800 g Zwetschgen, entsteint und geviertelt
240 g Zucker
2 Pkg. Vanillezucker
1 Zimtstange
400 ml Rotwein

Ofenplent
200 g Mehl
½ Pkg. Backpulver
400 ml Milch
5 Eier
½ TL Salz

Weiteres
Staubzucker

Rotweinzwetschgen

1. Zwetschgen, Zucker, Vanillezucker, Zimt und Rotwein in einem Topf aufkochen und unter gelegentlichem Rühren auf kleiner Flamme 1 Stunde köcheln lassen, bis die Zwetschgen eingedickt sind.

Ofenplent

2. Mehl und Backpulver in einer Schüssel vermischen.
3. Milch, Eier und Salz zufügen und alles gut verrühren.
4. Den Teig in Auflaufförmchen füllen und im vorgeheizten Backofen goldgelb backen.

Fertigstellung

5. Den Ofenplent aus den Förmchen stürzen und mit den Rotweinzwetschgen auf Tellern anrichten. Mit Staubzucker bestreuen.

Tipps

- Der Ofenplent wird warm serviert, die Rotweinzwetschgen schmecken lauwarm am besten.
- Man kann den Ofenplent auch in einer größeren Auflaufform backen, allerdings verlängert sich die Backzeit je nach Größe der Form.
- Die Auflaufförmchen werden nicht ausgebuttert.

Winter

Schokotropfen mit Orangencreme

etwa 40 Stück

Backtemperatur
180 °C

Backzeit
10 Minuten

Schokotropfen
220 g Mehl
20 g Backkakao
60 g Staubzucker
1 Pkg. Vanillezucker
120 g kalte Butter
2 Eigelb
2 EL Milch

Orangencreme
75 ml Orangensaft, frisch gepresst
1 EL Orangenabrieb
40 g Zucker
1 Pkg. Vanillezucker
50 g Butter
50 ml Sahne
10 g Maisstärke

Kekse

1. Mehl, Kakao, Staubzucker, Vanillezucker, Butter, Eigelb und Milch zu einem geschmeidigen Mürbteig verkneten.
2. Den Teig in Klarsichtfolie wickeln und mindestens 2 Stunden im Kühlschrank ruhen lassen.
3. Den Teig auf einer bemehlten Arbeitsfläche etwa 3 mm dick ausrollen und mit einem Keksausstecher Tropfen ausstechen.
4. Aus der Hälfte der Kekse mit einem kleinen runden Ausstecher ein Loch ausstechen.
5. Die Kekse auf ein mit Backpapier ausgelegtes Backblech legen und im vorgeheizten Backofen backen.
6. Herausnehmen und auf einem Kuchengitter auskühlen lassen.

Orangencreme

7. Orangensaft mit Orangenabrieb, Zucker und Vanillezucker aufkochen und etwa 3 Minuten köcheln lassen.
8. Butter und Sahne dazugeben und so lange rühren, bis alles gut vermengt ist.
9. 2–3 EL von der Flüssigkeit abnehmen und die Maisstärke damit glatt rühren.
10. Zur restlichen Flüssigkeit geben. Aufkochen und so lange kochen lassen, bis alles cremig eingekocht ist.

Fertigstellung

11. Die Creme etwas abkühlen lassen und die Kekse damit füllen.

Tipps

- Die Orangencreme kann man auch als Tortenfüllung oder, wenn man geschlagene Sahne unterhebt, als Füllung für Rouladen verwenden.
- Luftdicht verschlossen hält sich die Orangencreme im Kühlschrank bis zu 2 Wochen.

Rosinenstäbchen

meine Lieblingskekse nach Mamas Rezept

etwa 50 Stück

Backtemperatur
180 °C

Backzeit
15 Minuten

Zutaten

100 g Rosinen
etwas Rum
275 g Mehl
250 g Butter
2 Pkg. Vanillezucker
4 EL Milch
1 Prise Salz

Weiteres

dunkle Schokoladenglasur

Zubereitung

1. Rosinen mindestens 1 Stunde in Rum einweichen.
2. Mehl, Butter, Vanillezucker, Milch und Salz zu einem geschmeidigen Mürbteig verkneten.
3. Auf einer bemehlten Arbeitsfläche etwa 2 mm dick ausrollen und in 5 x 6 cm große Rechtecke schneiden.
4. Auf die schmale Seite der Rechtecke 3–4 Rosinen legen und den Teig – auf dieser Seite beginnend – aufrollen.
5. Die Rosinenstäbchen auf ein mit Backpapier ausgelegtes Backblech legen und im vorgeheizten Backofen hell backen.
6. Herausnehmen und auf einem Kuchengitter auskühlen lassen.
7. Die Schokoladenglasur über dem Wasserbad schmelzen und die Stäbchen mit beiden Enden in die Schokoladenglasur tauchen.

Walnussschnitten

1 Blechkuchenform
(24 x 42 cm)

Backtemperatur
180 °C

Backzeit
25 Minuten

Zutaten
200 g Butter
160 g Zucker
4 Eier
240 g Mehl
20 g Backkakao
1 Pkg. Backpulver
2 EL Rum
100 g Zartbitterschokolade, grob gehackt
100 g Walnüsse, grob gehackt

Weiteres
Schokoladenglasur, geschmolzen

Zubereitung

1. Butter und Zucker in der Küchenmaschine schaumig schlagen.
2. Die Eier nacheinander unterrühren.
3. Mehl mit Kakao und Backpulver über die Butter-Ei-Masse sieben und mit einem Schneebesen unterheben.
4. Rum, Schokolade und Nüsse dazugeben und ebenfalls unterheben.
5. Den Teig in eine mit Backpapier ausgelegte Blechkuchenform füllen und glatt streichen. Im vorgeheizten Backofen backen.
6. Herausnehmen und auskühlen lassen.
7. Die Walnussschnitten portionieren und mit Schokoladenglasur verzieren.

Tipp

- Die Walnussschnitten schmecken am nächsten Tag noch besser.

Orangencreme

6 Portionen

Zutaten

4 Blatt Gelatine
150 ml Orangensaft,
frisch gepresst
70 g Zucker
300 ml Sahne
100 g Naturjoghurt

Weiteres

6 Kumquats

Zubereitung

1. Gelatine in kaltem Wasser etwa 5–10 Minuten einweichen. Ausdrücken und in einem Topf auf kleiner Flamme erwärmen und auflösen.
2. Orangensaft und Zucker verrühren und zur geschmolzenen Gelatine geben.
3. Die Sahne steif schlagen und den Naturjoghurt unterheben.
4. Den Orangensaft vorsichtig unter die Sahne-Joghurt-Masse ziehen.
5. Die Creme in Portionsgläser füllen und mindestens 2 Stunden im Kühlschrank fest werden lassen.
6. Vor dem Servieren mit Kumquats garnieren.

Tipp

- Man kann auch noch den Abrieb einer Orange unter die Creme rühren.

Kokoswürfel

etwa 48 Stück

Backtemperatur
180 °C

Backzeit
45 Minuten

Kokoswürfel
4 Eier
160 g Zucker
200 ml Öl
100 ml Eierlikör
240 g Mehl
1 Pkg. Backpulver
20 g Backkakao

Schokoladensauce
250 g Kokosfett
200 g Staubzucker
1 EL Backkakao
3 EL Milch
3 EL Rum

Weiteres
200 g Kokosflocken

Kokoswürfel

1. Eier und Zucker in der Küchenmaschine hellgelb aufschlagen.
2. Öl und Eierlikör langsam dazugeben und so lange rühren, bis sich alle Zutaten gut vermengt haben.
3. Mehl mit Backpulver und Kakao über die Eimasse sieben und mit einem Schneebesen vorsichtig unterheben.
4. Eine Kastenkuchenform einfetten und mit Mehl ausstreuen.
5. Den Teig hineinfüllen und im vorgeheizten Backofen backen.
6. Den Kuchen herausnehmen und auf einem Kuchengitter vollständig auskühlen lassen.

Schokoladensauce

7. Das Kokosfett schmelzen.
8. Staubzucker, Kakao, Milch und Rum dazugeben und alles gut verrühren.

Fertigstellung

9. Den Kuchen in 3 x 3 cm große Würfel schneiden.
10. In Schokoladensauce tauchen und in Kokosflocken wälzen.

- Man kann die Würfel natürlich auch größer schneiden.

Schokoladensalami

Zutaten
150 g Zartbitterschokolade, gehackt
70 g Butter
100 g Walnüsse, gehackt
90 g getrocknete Cranberrys
80 g Butterkekse, grob zerbröselt
25 g Pistazien, grob gehackt
40 g Staubzucker

Weiteres
Staubzucker

Zubereitung

1. Schokolade und Butter über dem Wasserbad schmelzen lassen. So lange rühren, bis eine homogene Masse entstanden ist.
2. Walnüsse, Cranberrys, Butterkekse, Pistazien und Staubzucker in einer Schüssel vermischen und mit der Schokolade übergießen. Gut vermengen.
3. Die Masse als Streifen auf Klarsichtfolie geben und fest zu einer Wurst einrollen.
4. Im Kühlschrank einige Stunden fest werden lassen.
5. Aus der Folie wickeln und in Staubzucker wälzen.

Tipps

- Die Schokoladensalami hält sich im Kühlschrank gut verpackt bis zu 2 Wochen.
- Damit die Schokoladensalami beim Anschneiden nicht bricht, sollte man sie einige Zeit davor aus dem Kühlschrank nehmen. Zum Schneiden am besten ein scharfes Messer verwenden und nicht zu dünne Scheiben abschneiden.
- Die Walnüsse können auch durch Mandeln ersetzt werden.

1000
900
800
700
500

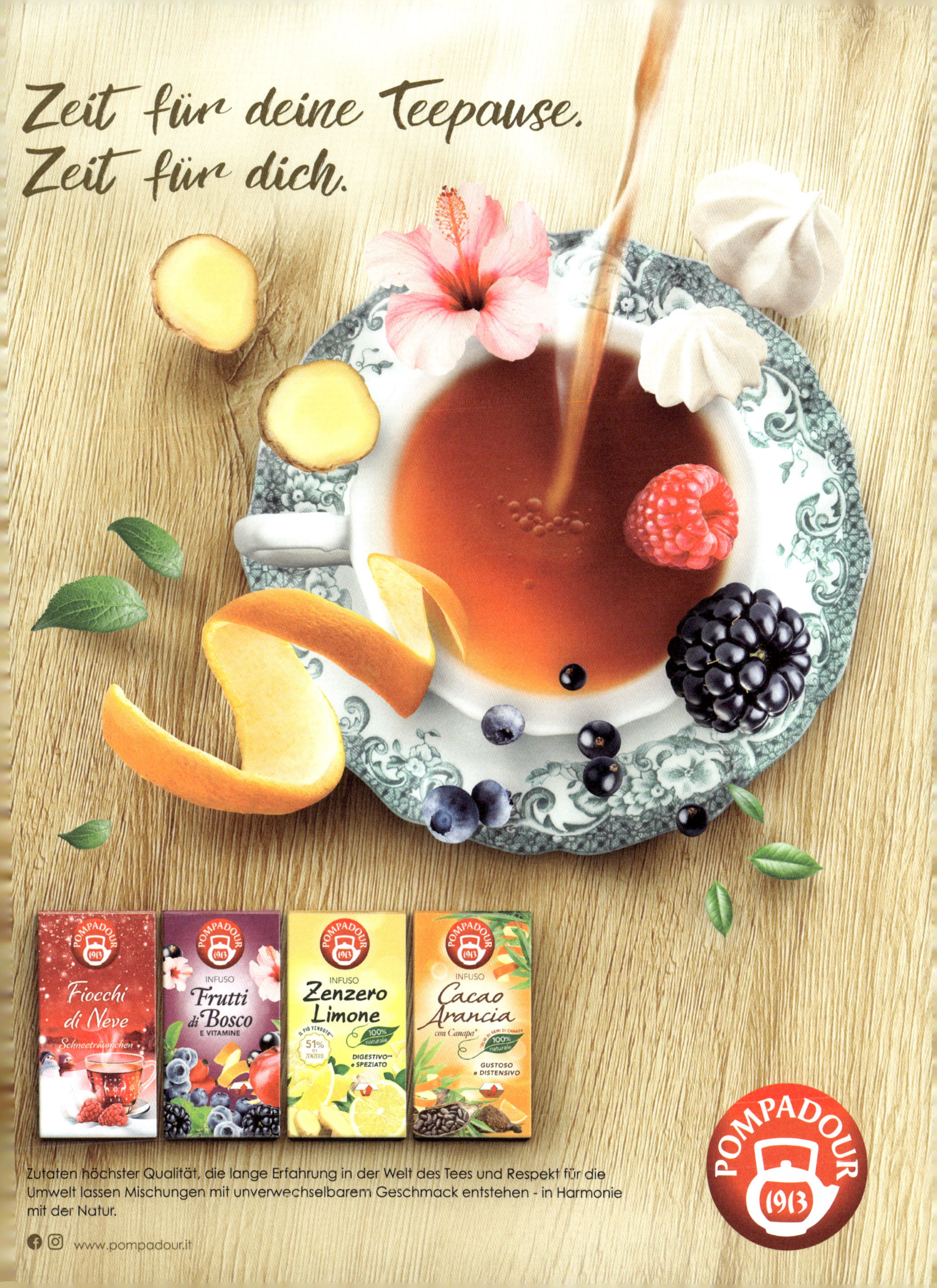

Zeit für deine Teepause.
Zeit für dich.
POMPADOUR 1913
Fiocchi di Neve
Schneeträumchen
POMPADOUR 1913
INFUSO
Frutti di Bosco
E VITAMINE
POMPADOUR 1913
INFUSO
Zenzero Limone
100% naturale
DIGESTIVO** e SPEZIATO
POMPADOUR 1913
INFUSO
Cacao Arancia
con Canapa*
100% naturale
GUSTOSO e DISTENSIVO
Zutaten höchster Qualität, die lange Erfahrung in der Welt des Tees und Respekt für die Umwelt lassen Mischungen mit unverwechselbarem Geschmack entstehen - in Harmonie mit der Natur.
www.pompadour.it
POMPADOUR 1913

Schokostiefel

etwa 40 Stück

Backtemperatur
180 °C

Backzeit
10 Minuten

Zutaten
220 g Mehl
20 g Backkakao
60 g Staubzucker
1 Pkg. Vanillezucker
120 g kalte Butter
2 Eigelb
2 EL Milch

Weiteres
Schokoladencreme
Schokoladenglasur, geschmolzen
Schokoladensplitter

Zubereitung

1. Mehl, Kakao, Staubzucker, Vanillezucker, Butter, Eigelb und Milch zu einem geschmeidigen Mürbteig verkneten.
2. Den Teig in Klarsichtfolie wickeln und mindestens 2 Stunden im Kühlschrank ruhen lassen.
3. Den Teig auf einer bemehlten Arbeitsfläche etwa 3 mm dick ausrollen und mit einem Keksausstecher Stiefel ausstechen.
4. Bei der Hälfte der Kekse ein Loch an der Stiefelspitze ausstechen.
5. Die Kekse auf ein mit Backpapier ausgelegtes Backblech legen und im vorgeheizten Backofen backen.
6. Herausnehmen und auf einem Kuchengitter auskühlen lassen.
7. Die Kekse ohne Loch mit Schokoladencreme bestreichen und mit den restlichen Keksen bedecken.
8. Den Stiefelrand in Schokoladenglasur tauchen und mit Schokoladensplittern bestreuen.

Tipps

- Mürbteig lässt sich sehr gut vorbereiten. Er hält sich luftdicht verpackt (z. B. in einem Gefrierbeutel) bis zu 1 Woche im Kühlschrank.
- Die ungefüllten Kekse halten sich mehrere Wochen.
- Die gefüllten Schokostiefel am besten in einer Metalldose aufbewahren.

Buchweizenroulade mit Preiselbeersahne

1 Roulade

Backtemperatur
200 °C

Backzeit
6 Minuten

Zutaten
3 Eigelb
40 g Honig
1 Msp. Zimt
70 g Buchweizenmehl
20 g Mehl
4 Eiweiß
20 g Zucker
1 Prise Salz

Weiteres
Preiselbeermarmelade
200 ml Sahne

Zubereitung

1. Eigelb, Honig und Zimt über dem Wasserdampf schaumig aufschlagen und anschließend auf Eis kalt rühren.
2. Buchweizenmehl und Mehl vorsichtig unter die Eimasse heben.
3. Eiweiß mit Zucker und Salz steif schlagen und vorsichtig unterheben.
4. Die Masse auf ein mit Backpapier ausgelegtes Backblech geben und glatt streichen.
5. Im vorgeheizten Backofen backen.
6. Herausnehmen und mit einem Bogen Backpapier belegen. Stürzen, kurz abkühlen lassen und mit Preiselbeermarmelade bestreichen.
7. Sahne steif schlagen und 2 EL Preiselbeermarmelade vorsichtig unterheben.
8. Die Preiselbeersahne auf dem Biskuit verteilen und einrollen.
9. Im Kühlschrank mindestens 30 Minuten kühlen.

Schoko-Zimt-Pannacotta

6 Portionen

Zutaten

3 Blatt Gelatine
600 ml Sahne
40 g Zucker
1 TL Zimt
100 g Zartbitterschokolade, gehackt

Zubereitung

1. Gelatine in kaltem Wasser 5–10 Minuten einweichen.
2. Sahne mit Zucker und Zimt aufkochen.
3. Die Zartbitterschokolade dazugeben und so lange rühren, bis die Schokolade geschmolzen ist.
4. Die Gelatine gut ausdrücken und in der warmen Schokosahne auflösen.
5. Pannacotta in Portionsgläser füllen und mindestens 3 Stunden im Kühlschrank fest werden lassen.

Tipp

- Wer keinen Zimt mag, lässt ihn einfach weg.

Haferflockenkekse mit Datteln

etwa 35 Stück

Backtemperatur
200 °C

Backzeit
10 Minuten

Zutaten
125 g Butter
250 g kernige Haferflocken
40 g Zucker
25 g Mehl
30 ml Wasser
10 Datteln, gehackt

Zubereitung

1. Butter in einem Topf schmelzen lassen.
2. Die Haferflocken dazugeben, gut verrühren und etwas abkühlen lassen.
3. Zucker, Mehl, Wasser und Datteln dazugeben und alles gut vermengen.
4. Die Masse mit den Händen andrücken und etwa 30 Minuten ruhen lassen.
5. Mit einem Teelöffel kleine Häufchen auf ein mit Backpapier ausgelegtes Backblech setzen.
6. Die Häufchen mit nassen Fingern etwas zusammendrücken, damit sie nicht auseinanderfallen.
7. Im vorgeheizten Backofen goldbraun backen.

Dank

Ich möchte mich bei all denen bedanken, die mich immer in meinem Tun bestärkt haben.

Ein Dank an meine Eltern, die immer an mich glauben.

Ich danke meiner Familie, die mich viele Stunden entbehren musste, in denen ich gekocht, gebacken und geschrieben habe. Es war eine intensive Zeit. Danke für euer Verständnis.

Ein Dankeschön an die Mitglieder der Facebook-Gruppe „Rezepte aus Südtirol" und an meine Instagram-Follower – ohne euch hätte ich dieses Buch wohl nicht geschrieben.

Isabel Weis, danke für deine Idee zum neuen Buch und die ständige Betreuung.

Ein Dank an meine Freundinnen, die sich immer mit mir freuen.

Lieber Manni,

mein größter Dank gebührt wohl dir. Ohne dich hätte ich dieses Projekt nicht gemacht.

Ein herzliches Dankeschön für die Zusammenarbeit und deine wundervollen Bilder! Sie sind einfach traumhaft.

Die Arbeit am Buch war eine anspruchsvolle Zeit. Deine ruhige Art während der Fotoshootings hat mich oft beruhigt und dein oft gesagter Satz „Des sigsch lai du!" hat meinen Perfektionismus relativiert – auch dafür vielen Dank.

Manni, du bist mein bester Fotograf!

Bettina Faoro

ist leidenschaftliche Hobbybäckerin und liebt es, Neues auszuprobieren. Schon als Kind war sie sehr einfallsreich und fantasievoll. Ihre Kreativität spiegelt sich nun in ihren Torten, aber auch in einfachen Kuchen und Desserts wider. Am liebsten backt sie für Familie und Freunde sowie zu besonderen Anlässen. Viele Rezepte veröffentlicht sie auf Facebook, vor allem in der Gruppe „Rezepte aus Südtirol", wo ihre Kreationen extrem beliebt sind.

Mit ihren Backbüchern geht ein großer Traum der Sozialbetreuerin in Erfüllung: „Ein Traum ist nur ein Traum, bis du entscheidest, ihn zu verwirklichen."

Bibliografische Information
der Deutschen Nationalbibliothek
Die Deutsche Nationalbibliothek verzeichnet diese
Publikation in der Deutschen Nationalbibliografie;
detaillierte bibliografische Daten sind im Internet
abrufbar: http://dnb.d-nb.de

1. Auflage 2024

Lektorat: Kathrin Kötz
Fotos Umschlag und Innenteil: Manfred Pernthaler,
außer Seite 12 (Privat Bettina Faoro)
sowie die Seiten 14 o. l. und o. r., 32, 78, 100 (jeweils stock.adobe.com)
Design & Layout: Athesia-Tappeiner Verlag
Bildbearbeitung: Typoplus, Frangart
Druck: GZH, Zagreb
Papier: Vorsatz und Innenteil Maestro Print

Gesamtkatalog unter
www.athesia-tappeiner.com

Fragen und Hinweise bitte an
buchverlag@athesia.it

ISBN 978-88-6839-714-2
ISBN 978-88-6839-715-9 (e-Book)

Bildbeschreibung Umschlag
Joghurtcreme mit Amarenakirschen
(Rezept Seite 24)

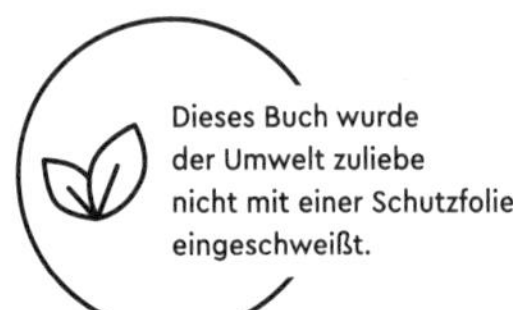